다녀간 꿈

열/린/시/학/정/형/시/집 193

다녀간 꿈

권순진 시집

고요아침

시인의 말
/

한 방울의 잉크가 남아있다면
시를, 시조를
스케치하리라
그러고도 잉크가 남았다면
그리움으로 예쁘게 덧칠하리라
난해한 사랑을 풀고 엮어가리라
너를, 그리움을
그리리라.

                                      2024년 여름
                                          권순진

차례

/

시인의 말　　　　　　　　　　　　　05

제1부

4월이 눕다　　　　　　　　　　　　13
가을 연애편지　　　　　　　　　　　14
가을 소리　　　　　　　　　　　　　15
감과 가을과 심장과　　　　　　　　　16
고장 난 의자　　　　　　　　　　　　17
고향 춘몽　　　　　　　　　　　　　18
공소公所에서　　　　　　　　　　　　19
공중전화　　　　　　　　　　　　　　20
길상사에서　　　　　　　　　　　　　21
깨어난 봄　　　　　　　　　　　　　22
낮달　　　　　　　　　　　　　　　　23
놀란 봄　　　　　　　　　　　　　　24
다녀간 꿈　　　　　　　　　　　　　25
다시 꿈꾸다　　　　　　　　　　　　26
달맞이꽃　　　　　　　　　　　　　　27

제2부

담쟁이	31
벚꽃 엔딩	32
큰누님	33
마당에 떨어진 가을	34
먼저 나온 달	35
달 바라기	36
멀어진 옥이	37
문경새재 과거 길에 들다	38
목木백일홍	40
봄비와 비悲의 노래	41
사라진 입맛	42
편린	43
사랑의 유통 기한을 지우는 새벽	44
산다는 것	45
새벽 실은 수색역 기차	46

제3부

생과 사가 있던 아침	49
석류	50
소 팔러 가는 날	51
소나기와 마타리꽃	52
손편지	53
가을, 그리고 수도승 친구	54
수양 벚꽃	55
스마트폰	56
시를 닮은 너	57
야생화	58
억새, 그리움 심다	59
오래된 결혼	60
이태원의 가을	61
잠	62
나를 찜한 너에게	63
참깨 터는 날	64

제4부

첫눈 오던 날   67
첫눈과 우리   68
추석 무렵   69
치매 단상   70
코스모스   71
하나의 고향   72
하지夏至의 기억   73
행복했던 국어 수업   74
허수아비의 숙명   75
혀 꼬인 수다   76
호수로 이사 온 가을   77
지칭개   78
문서 파쇄기   79
원고지   80
지지 않는 꽃   81
시조 짓기   82

해설_세계에 대한 질문 그리고 선line을
    이어가는 시조 리듬/ 김남규   83

제1부

4월이 눕다

4월의 담벼락 위 희끔한 봄 달렸다
때 묻지 않았던 우윳빛 날갯죽지가
짓궂게 시샘해대는 햇빛에 멍으로 타고 있다

북녘으로 봉오리 열어 부푼 목련화
바람에 뺨 맞고 길바닥으로 꽂히네
앓던 봄, 4월의 순결이 적갈색으로 눕다

가을 연애편지

핼쑥한 이파리에 새기던 너의 이름
손편지 오고 가다 멈춘 지 오래건만
바스락 낙엽 소리에 궁싯거리며 지샌 밤

빨개진 둥꽃들이 연등처럼 걸렸다가
세상을 물들이다 낙엽 되어 채일 때
아린 맘 가슴팍 열고 연애편지 들추던 밤

가을 소리

생채기 없는 사랑이 존재하기는 할까
빨갛게 멍들고 노랗게 질린 단풍잎도
가까이 들여다보면 점박이 상처투성이

흔들림 없는 삶이 얼마나 있을까요
바람 부는 창가에 홀연히 들어온 시선
내 님의 인기척인가 가을이 물드는 소리

감과 가을과 심장과

밑동이
절반이나
까맣게 탄
고목인데
여전히
덜 익은 감
억겁에
붉게 내걸고
힘겹게
멈출 수 없는
심장처럼
가을은

고장 난 의자

다소곳 바랜 모습 반 접은 당신 앞에
나 또한 똑같은 모습으로 응답했었지
덜어낸 반만큼의 무게도 버거웠겠지

삐거덕 우는 소리 가늘어진 흐느낌
말 없던 세월 앉히고 고단함 안은 소리
수많은 사연 앉혔으니 그만 쉬려 한다네

고향 춘몽

5월의 마른 신작로 아카시아 꿀 내음
에움길 먼지 데려오던 회오리바람
도랑가 민물가재는 봄을 집어 올렸다

그리움 봉긋 일다 마음속에 피우던
나른한 아지랑이 공중으로 오르던
선잠에 깨어 두리번 두리번거려도

흉보는 사람 없이 나를 너를 있게 한 곳
유년의 고향 봄 뜨락은 지천에서
연초록 부풀어진 꿈 두루두루 내주었네

공소公所에서

하현달 구름 사이로 숨바꼭질하던 밤

달맞이꽃 호위 받으며 둑길을 걸었다

작은 공소* 실루엣 뒤로 유성이 성호 그을 때

고요 속 종소리에 진실 담은 내 맘 울려 보내고

살짜기 자리 잡은 죄 별똥별처럼 사그라지길

* 공소 : 당보다 작은 교회 단위. 신부가 상주하지 않은 예배소나 그 구역.

공중전화

삼거리 모퉁이 덩그러니 빨간 부스

얇고 깊은 투입구 동전 자주 먹여줬던

신중히 숫자 누르며 네 얼굴도 그렸던

굶주린 동전과 그리움 등 뒤가 따가웠던

모두가 간절했던 모두가 기다렸던

너에게 마음 준 겨울은 눈 녹듯 사라졌지

길상사에서

빛바랜 주련柱聯은 더듬더듬 해석했지만
백석과 자야의 사랑은 둘만 아는 것이라
흐릿한 상상 속에서 미련만 만지작거렸다

천억의 재산이 시 한 줄보다 못 하다는
시인을 흠모했던 기녀의 애절함이
청아한 풍경소리 타고 밤새도록 흐느끼네

대원각 주위를 맴돌던 한때의 풍류들이
못다 핀 꽃이 되어 무소유로 남았다가
연모의 그림자 되어 시詩로 피던 길상화

* 주련 : 기둥이나 벽 따위에 장식으로 써서 붙이는 글귀. 주로 한시(漢詩)의 연구(聯句)를 쓴다.

깨어난 봄

물안개 노닐던 저수지에 봄빛 놀러오네
연초록 잎 사이로 밭 갈던 형님 모습
겨우내 잠들던 세상 쟁기질에 깨어난 봄

오수에 봄바람 드나 풀내음 아직인데
잔설은 허물어져 봄을 보태어 나르네
자그락 발 간지럽히는 소리 잠결에서 깨던 봄

낮달

간밤에 길을 잃어 차림이 초라하다
희멀건 대낮이라 알아 줄 이 없으니
황금빛 가득 채워서 어스름에 오거라

동그랗다고 삐걱대는 날 없었을까
본디 네 모습은 밤에서나 제격인데
공허한 빈틀 밝히는 낮달은 아닌듯해

헤매는 나를 보고 빈달 되어 달려온 너
궤도를 벗어난 우리는 위성과 나그네
변방에 헤매지 말고 밤중에 만나려무나

놀란 봄

하품 늘어진 오후의 길섶 지날 즈음
까투리 만나 화들짝 놀라 깨어난 봄
작아도 간 떨어지게 하는 재주가 있구나

망중한 푸나무 서리 숨어 알 품던 너
인기척에 나 살려라 꿩꿩 날아간 봄
둥지에 온기 남은 알 그대로 두고 왔다

다녀간 꿈

은연중 너의 소식을 묻는다는 것은
나의 흔들림을 말하고자 했었던 것
숨죽여 있었던 것 사라진 건 아니었다

마음은 너 있는 곳 다시 하나 되고픈데
어설픈 나의 행동 부메랑 되어 올까
꿈속에 다녀간 너를 두고도 아는 체 못 했네

다시 꿈꾸다

지난밤 꿈속 네가 허무하게 다녀간 후
낮은 틈바구니 그런대로 견디었네
어둠과 독대할 긴 밤 오면 어이할까나

현실은 너무 달라 깨지 않음 좋을 것을
소식을 물어봐도 아는 이 하나 없어
아물 듯 아물지 않는 그리움 잉태되다

달맞이꽃

한낮에 그늘 없어 노란 옷 잠시 접고
산 중턱 두둥실 달님 오길 기다렸네
은은한 커플 옷 입고 내 마음을 보낸 밤

고요 품은 여름밤 달빛 미소 드리우네
나만의 그대에게 삐딱 선은 탈 수 없어
얇아진 옷깃 세우며 함조롬 고개 드네

제2부

담쟁이

겨울날 도화지처럼 남긴 거친 담장에
걸개로 밑그림 그물처럼 그려놓고
움트는 봄날 오기를 무덤덤 기다렸지

연초록 위 진초록으로 덧칠해진 여름
바람에 파닥파닥 시선에 힘을 얻어
덩굴손 한 땀 한 땀 위로 위로 오르리

벚꽃 엔딩

봄 내음 터진 김밥 마당바위에 펼치니
근심을 떨궈버린 벚꽃 잎 내려앉네
왕후의 밥이 부럽지 않아 눈으로 먹고 있네

물소리 자장가 되어 달콤 들어간 낮잠
실바람 타고 떠나는 연분홍 행렬들
지는 봄 서럽지만은 않아 여기가 무릉도원

큰누님

하얀 눈 섬돌 위에 소리 없이 앉던 날
홀연 눈꽃이 되어 하늘 가시던 엄니
큰누님 그 빈자리를 숙명처럼 떠안았네

티 내지 않아도 등 언저리에 엄니 냄새
보이는 곳에서 보이지 않는 그늘에서
맏이란 든든한 벼리로 남겨진 삶 보듬네

마당에 떨어진 가을

단풍 구경 가볼까 가을이 간다더라
짧은 볕뉘 사이로 채색된 나뭇잎
가벼운 낙하산처럼 빙글 돌다 또르르

빠알간 홍시에 시선을 빼앗겼던 너
질그릇같이 투박하고 두껍던 잎도
소슬한 바람 앞에선 가을을 타고 만다

주위본 감나무잎 색유리를 오려 붙인
오묘한 색깔 스테인드글라스 닮았다
가까운 집마당에서 감나무는 가을이었네

먼저 나온 달

내 사랑 온다기에 마음은 콩닥콩닥
어두운 밤에 오면 혹여나 다칠세라
손전등 찾고 있는데 달빛 먼저 나왔네

달 바라기

휘영청 솟아올라 보고 있나 내 모습
구름이 시샘하듯 커튼처럼 가리나니
언제쯤 얼굴 보일까 달 바라기 되던 새벽

또렷한 너의 잔상 눈감아도 어리나니
기다림 그리움 되어 능선에 머물다가
어스름 너의 모습 솟아올 때 창가로 다가서네

멀어진 옥이

산비둘기 떠난 곳 흔들린 뽕나무 가지
오디를 따먹고 검어진 입술 마주 보며
깔깔깔 웃던 옥이와의 추억이 넘실대누나

가난한 집으로 시집간다는 소문에
철렁 내려앉던 가슴 끝없는 방망이질
사랑해 그 흔한 말 한마디 못 건넨 나는 바보

아닌 듯 아닐 거야 시간을 되돌리네
미동 없던 가슴에 일렁이던 허전함
사랑이 손을 잡아야 오는 것은 아니었네

풋내나던 소꿉장난 담장 밑에 숨었네
긴 시간 지났어도 순수함 그대론데
몰랐네 아픔이 이렇게 가까이 있었다는걸

문경새재 과거 길에 들다

조선 시대 과거길 한양 가던 선비는
주모의 미모와 입담에 흘깃 홀려
탁배기 한량에 학문까지 흐려진 건 아닌지

불청객 산적에 괴나리봇짐 온전한지
정화수 받아놓고 빌던 소탈한 아내여
걱정은 붙들어 매오 집 떠난 지 달포 지났나

계곡 물소리 잦아지고 한양에 도착하다
행색은 초라한데 내로라하는 별들
들을문聞 경사경慶 문경이라 장원급제

새야 어서 날아 기쁜 소식 전해주렴
휘영청 둥근달아 밤길 환히 밝혀주렴
아내여 묵정밭은 이제 그만 일구세

짚신에 몸 맡기던 애환이 서린 길
흑백의 그 시절 골몰히 떠올리며

새들도 넘기 어려운 새재길에 김립金笠* 되어 서 있네

---

* 김립 : 조선 후기의 방랑시인 김병연의 다른 이름(김삿갓).

목木백일홍

미끈한 나무껍질에 홍자색 꽃 뭉텅이
석 달 여 여름 나절을 머리에 이니
나에게 화무십일홍은 허튼 소리로 들렸다

간섭은 싫어 싫어 구불구불 자란 몸
연갈색 껍데기 속 뽀얀 속살 감추었다
진정한 아름다움은 내면에 자란다네

봄비와 비悲의 노래

이별이 날 선 겨울에만 오는 줄 알았네
꽃망울 활짝 트인 봄에도 와 있었다
꽃 내음 스친 나뭇가지에 아픔이 배어 있다

가는 너를 어이해 마음 돌려 다시 올까
무덤덤 거짓 체념 들킬까 참던 눈물
맞추어 내린 봄비에 훔쳐보던 옷소매

사라진 입맛
― 설날

며칠 후 설날이라 고향 생각 절로 나서
열일 젖혀두고 들른 근교의 오일장터
떡국 떡 사다 불리고 육수 물도 우려냈다

레시피 북 따라 나열된 화려한 고명들
물맛이 변했을까 입맛이 변했을까
어머니 정성 심어진 손맛이 그리웠다

편린

흐려진 기억 너머 순수가 살았던 곳
지난날 내 편이었던 네가 떠난 자리
올곧은 추억 하나 박혀 희미하게 춤추네

공허로 변한 맘 메워질 기미 전혀 없어
볼살 수줍던 시절 주워 허공 향해 던지다
내 소원 들어주려나 초롱한 기억이 오네

빼곡한 다트 과녁 빗나간 화살처럼
내게도 일탈 있다면 너를 생각하는 시간
어물쩍 자그마한 편린 늪으로 변해가네

사랑의 유통 기한을 지우는 새벽

저녁놀 드리울 때 그리움 살짝 움튼다
어딘가에서 너도 날 생각하는 건 아닌지
사랑의 유통 기한을 지우고 마는 새벽

엉켜진 지난날을 버렸다가 다시 줍다
널 닮았던 누군가가 나에게 길을 물어
풋풋한 옛 감성 살려서 다시 써본 네 이름

산다는 것

아버지 지게 위 쟁기 얹힌 삶의 무게
순둥이 암소가 밭을 간 뒤 앞서가고
고삐에 당겨진 코 아플까 염려하던 여린 맘

새벽 실은 수색역 기차

뜨는 해 바라보며 남쪽 갔다 오는 일과
저마다의 사연들을 목적지에 내려두고
쌓여진 피로 녹이며 수색역에 누워 있다

기다란 몸 삶을 싣고 구르던 쇠바퀴
망치질 마사지로 탁탁탁 처방하고
오늘은 어떤 손님 만나려나 새벽길 나서네

가는 길 그대론데 매일 매일 다른 사람
반복되는 일정에 지칠 법도 하지만
긴 여정 신발 끈 동여매듯 다시 한 번 기적 채비

제3부

생과 사가 있던 아침

얼마나 많은 주검을 봐야 슬픔에 익숙할까
달거나 고달프거나 마지막은 같은 여정
무덤덤 예사로울 때도 됐는데 이별은 늘 서러워

벽 하나 사이에 두고 생과 사가 있던 아침
반듯한 삶 고이 이고 하늘가는 리무진
아는 듯 모르는 듯한 산부인과병동 울음소리

석류

먹으면 안 된다는

무성한 소문 있었어

촉촉하고 붉은 유혹

아찔하고 아득했던

이상한 소문보다 더,

무서운 적색

적의 색

소 팔러 가는 날

컴컴한 얼굴들 새벽으로 변할 무렵

덜 깬 눈 비비며 부지런 떨고 있다가

아버지
고삐 단단히 잡고
뒤따라
나도 가고

여름 끝물 어스름에 수크령과 강아지풀

밤에 매달린 물방울 바지 밑단 적셔온다

이슬에
소 눈망울도 젖었다
아버지가
미웠다

소나기와 마타리꽃

차를 몰아 빗속 헤치며 양평 가는 길
비 맞고 휜 노란 우산 닮은 꽃 풍광에
황순원 님의 소설 소나기가 어렴풋 살아왔다

비를 피한 수숫단 속 끈적한 체온이
차 안에 입김 되어 전해오는 듯해
중년에 소설책 속으로 풍덩 즐겨 찾던 마타리꽃

깍쟁이 도시 소녀와 순한 산골 소년이
풋풋한 감성 퍼 올려 젖은 기억 찾을까
지금은 그 어드메쯤 소낙비 한줄기 기다릴까

빗물 밀던 창 닦이 손 흔듦이 굼뜨고
빗방울 머금었던 매지구름 걷혀가도
뇌리 속 풋사랑의 추억은 소나기로 내렸다

손편지

초인종 딩동딩동 등기로 달려온 소식
분홍색 편지 봉투 처음으로 날아든 날
기쁘고 설레는 마음 감출 수가 없었지

우체부 아저씨 수고에 물 한잔 건네고
펼쳐본 편지지 속에 전해왔던 애틋함
입가에 번지던 미소 반해버린 손편지

가을, 그리고 수도승 친구

화려한 불빛 그리워 어떻게 지냈나
친구들 보고 싶어 어찌어찌 지냈나
세속을 등진 행색 보고파 벗에게 가는 길

꼬불한 산허리 대낮인데 드리운 어둠
다람쥐 밤 한 톨 물고 먼저 마중 오고
아담히 일구어 놓은 화전밭 가을 익어가네

세상사 근심 잊고 낮잠에 취한 친구
한량히 따다 남은 고추는 벌레의 몫
따가운 햇볕 등쌀에 가을 주던 밤송이

귀 쫑긋 세운 노루 집으로 달아나고
헤벌쭉 웃고 있던 해 중턱에 걸렸네
괭이질 곤한 몸 되어 풍경소리에 잠든다

수양 벚꽃

화무십일홍이라 너를 두고 한 말인가
연분홍 매니큐어 칠한 눈부신 군무가
나비로 하늘거리며 눈꽃처럼 산화하다

네가 기대설 곳 개울가가 제격이지
치렁한 수양 벚꽃 날려 물 위에 눕다가
선홍빛 물들이며 낯선 곳으로 떠가고 있다

짧기에 아름다운 봄 푸르름 짙은 강둑에
화사함 던져버리고 탄식하듯 늘어졌다
한 몸에 시선 받던 한때를 되새김질 하면서

스마트폰

간밤에 머리맡에서 잠은 잘 잤는지
아침에 일어나면 너부터 찾았었지
언제나 어디서나 너에게 시선 집중

네모난 얼굴이지만 인기는 상한가
네가 없으면 불안해 보고 또 보고
움켜진 내 손에 감춰진 애인 같은 너

시를 닮은 너

세상이 너의 맘 같으면 어둠은 없겠다
세월이 흘러도 순수한 맘 그대로여서
메마른 감정 떨치고 시 한 편 가져왔네

짧다란 시구에도 눈독 들인 글쟁이들
시간을 헤집어서 시로 담은 옛사람
세월이 흐른 뒤에도 여운처럼 남은 시향

야생화

호젓한 들녘 알아줄 이 하나 없어도
서운하지 않아요 외로움이 친한 벗
새벽녘 안개 떠나면 햇빛 함께 지내지

쉼 없이 흔들어대는 바람은 잠도 없네
옆구리 간지럽히고 비비대도 괜찮아
은은한 향기 질리지 않는 모습이 나의 무기

물감을 섞어도 나를 똑같이 그릴 순 없어
누구도 원망 없이 스스로 위로하며
하늘이 준 이슬 먹고 저절로 자란다네

억새, 그리움 심다

산발한 억새를 훔치는 바람이 밉다
몇 올이나 남았나 쉼 없이 흔드네
몸 비튼 연 이파리는 동면을 꿈꾸는데

둑에 난 길 따라 나부끼는 흔들림
헝클어진 흰머리에 서성이는 발돋움
홀로서 감당할 수 있는 기나림 심었다

윤슬이 강에서만 노니는 줄 알았지
가벼워진 빛 구름 비집고 놀러 오니
둔치에 수척한 억새 그리움 달고 서걱이네

무표정한 내게는 외로움은 없었을까
짧은 볕 사라진 텅 빈 가을 문밖에
너만큼 말라버린 맘 깃털 되어 흔들리네

오래된 결혼

건조대 당신 옷에

내 옷도 같이 널고

한방 쓴 지 오래지만

여전히 알 수 없지만

오래된

옷 솔기도 닳았다

옷걸이 걸린

뒷모습까지

이태원의 가을

청춘은 압화되었고
꽃들은 잠들었다네

침묵이 비명 같아
낙엽이 사람 같아

저 골목
나를 빨아들이네
울음 참는
10월

잠

그리움 나를 불러 외딴 길에 접어들었지

발걸음보다 빠른 마음, 마음 먼저 도착하길

까마득 멀리 와버렸어 돌아가지도 어쩌지도

꿈결이었지 구름도 웃고 손 그늘로 웃음 가리는

순식간 밤이 왔어 초승달처럼 실눈 떴지

새벽녘 잠 깬 건지 잠든 건지 너는 여기 없는데

나를 찜한 너에게

나락의 나날 지나 네게 선택되던 날
지루한 외사랑 가고 희열이 동터오네
세상이 달라 보였지 꿈같던 너의 찜 앞에

물 쓸린 모래톱 족적 찾기 어려워도
군중 속 멀리서도 환하게 빛나던 너
새로이 태어난 느낌 내 진부를 던졌다

참깨 터는 날

하늘 가까이 입 벌린 참깨꼬투리와 아버지는

비닐 멍석 깻단 깔고 자근자근 두드리면

낱알이 솨- 빗소리같이 시원하게 흩어져요

저녁때 가까이 먹구름 낮게 옵니다

고소한 참깨 냄새 온종일 맡고 싶은데

조금씩 급해지는 저녁 땀방울 뚝뚝 아버지는

해진 러닝셔츠로 빗장뼈 허술하게 보여

앉았다 일어설 때 두둑하고 뼈 긁는 소리

그 소리 참깨 터는 소리 같기도 합니다

제4부

첫눈 오던 날

우중충 내 맘 같았어 파리해진 동천冬天
골목 양지 찾던 아이 웃음소리 숨고
흐림은 침묵 속에서 빛을 삼켜버렸다

헛헛한 우울 끝에 춤추던 하얀 군무
와 첫눈이다 나도 몰래 외친 외마디
두 손에 잠시 머물다 사르르 사라진 너

내가 알던 그 사람도 눈을 보고 있을까
머리에 새치 늘어도 낭만이 남았을까
산책길 눈발 자국은 강아지 먼저 찜했다

첫눈과 우리

첫눈은 설렘이며 천사의 선물이다
일 년을 기다렸던 우리에게 하늘은
함박눈 소담스럽게 선물할 거 같다

잠자던 내 핸드폰에 요즘 어떠니
무엇하고 있니 얼굴 보고 싶다는
목소리 나지막하게 전해올 거 같다

첫눈이 기다려지는 건 내 마음 한쪽
네가 조용하게 자리하기 때문이지
눈 속에 묻혀 더디 와도 짜증 내지 않을게

목석같은 맘 흔들던 하얀 눈송이 떼
얼룩으로 칠해진 시린 마음 지우고
새하얀 그림 그릴 도화지 펴고 있지

추석 무렵

초승달 살찌워서 보름달로 오는구나
오백 리 고향 쪽을 물끄러미 쳐다볼 제
동구 밖 기다리셨던 부모님 어제 일이 되었네

귀뚜리 슬픈 주파수 벼 고개 숙인 밤
어렴풋 장독대 위 곰삭은 엄니 손길
텅 빈 맘 반달 같던 수심이 만월로 차오르네

치매 단상

멀쩡한 기억들이 녹이 슨 창고에서
먼지를 뒤덮어 쓰고 탈출을 꿈꾸는데
잠겨진 비밀의 자물쇠가 열리지 않네

쪽을 진 머리에 비녀 꽂던 젊음 들이
하얀색 분칠해진 요양원에 울고 있다
새물내* 푸른 청춘을 입혀 줄 수 있다면

* 새물내 : 빨래하여 이제 막 입은 옷에서 나는 냄새.

코스모스

키가 큰 너의 마음속에 들어가려니
내 맘은 부풀어져 까치발이 되었다
가녀린 하늘거림에 바람이 온 걸 알았지

최초로 신이 너를 만든 꽃이라 하기에
자세히 보았었지 시선 한 번 더 주었어
조용히 흔들리다가 인사하는 걸 보았지

어딘가 연약한 듯 무언가 부족한 듯
비집고 들어가 텅 빈 곳을 채우고 싶어
네 곁에 함께 머물러 가을 되어 서고 싶다

하나의 고향

청보리 닐 듯이 밀어대는 바람과 바람

그리움 하얗게 핀 찔레꽃과 하늘 구름

옥양목 치마 입으신 어머니와 닮았다

웃자란 해바라기 단단하게 봉오리 열고

옥수수 껍질마다 깡마른 수염 가득하니

머리칼 희끗희끗해지신 아버지와 닮았다

옹기처럼 세상에 놓인 칠 남매 우리들은

어느새 부모님 모두 하늘길 떠나가고

마침내 하나의 고향만 우리에게 남았다

하지夏至의 기억

터질 듯 부푼 봉선화 꼬투리 속 씨앗이
비좁은 공간에서 연달아 외출하네
버거운 살림살이에 집 나간 아이처럼

더운 지열 뿜고 바람 졸던 햇볕 아래
빨갛게 물든 꽃잎이 피멍처럼 변하네
끝없는 그리움에 눈시울 붉던 엄니처럼

분홍빛 추억들이 손톱 끝에 물들며
오롯이 남아있던 어느 해 가장 긴 여름
자식을 기다리시며 꽃잎 찧어 손끝에 묶던

행복했던 국어 수업

색 바랜 국어책 속 시 한 편 꺼내 읽다
밑줄 친 볼펜 자국 선생님 얼굴 어리고
깡마른 네잎클로버 책갈피 속 숨었다

턱 괴고 눈을 감고 상상의 나래 펴고
시인의 길 멀어도 주절주절 읊조리네
창가에 비만 내려도 콩닥거린 감수성

허수아비의 숙명

멀끔한 외투 한 벌 얻어 입지 못함은
가을날 내 임무가 시원찮았던 게지
괜찮아 삶의 끄트머리는 쭉정이로 남거늘

구멍 난 밀짚모자 그대로 내버려 둠은
딱한 사정 간직한 현실 농부였던 게지
삶이란 원하는 대로 다 가질 수 없는 것

이슬 앉은 이삭에 안개 노닐다 떠나면
따가운 햇볕 틈에 알곡 여무는 소리
밤 오니 낮에 본 노루 한 쌍 선하도다

알맹이 빠진 휑한 들판 소슬한 늦가을
외다리 숙명 안고 처연함 즐길 즈음
텅 빈 들 다가온 새소리 긴장되어 부릅뜬 눈

혀 꼬인 수다

막대 형광등에 파리똥 점점이 묻고
연탄불 핀 둥근 화덕 석쇠 위에 놓인
흑돼지 껍데기가 펑 하고 튀어 올랐다

늘어가는 빈 병만큼 이야기 채워지고
고장 난 벽시계 앞에 철 지난 달력
주인의 헛기침에 잦아진 수다 눈에 띈 빈 병

호수로 이사 온 가을

산정에 머문 단풍 미끄럽다고 내려왔네
호수에 반영된 산 집처럼 내려앉고
바람에 일렁거리니 머물 곳이 여러 곳

가랑잎 길 잃어 물 위를 배회할 때
지나던 붕어 한 마리 톡톡 쪼아 대네
노닐던 안개 걷히니 물속까지 가을이네

환절기에 감기 앓듯 나그네 찾아오니
발목을 휘감다 떠나는 바람 같은 신세
뒤에서 날 부르는 소리 낙엽 한 잎 지는 소리

지칭개*

열의 다섯 명 날 보고 엉겅퀴라 하네
여윈 바람결에 나비 스쳐 지날 때
상대적 박탈감에 속상할 때도 많았단다

가시 내민 엉겅퀴 화려함은 인정하지
가시 없는 난 쉬이 네 곁에 갈 수 있어
보라색 더벅머리로 늘 너를 기다리지

버려진 공터에서 더부룩 서 있을게
자세히 쳐다보고 나를 꼭 기억해줘
내 이름 잊지 말고 찾아줘 지칭개라 불러줘

* 지칭개 : 국화과의 두해살이 풀.

문서 파쇄기

완전 범죄를 기다리는 비밀 사연이
찢어진 블랙홀로 빠지며 아우성치고
드르륵 비명횡사에 확인 사살되었다

찢어진 작은 입은 맛없는 비밀 먹고
조각난 종이 가루로 환생還生시키며
감출 것 없는 세상을 꿈꾸며 쉬고 있다

원고지
— 200자 원고지

맨 윗줄은 텅 빈 여백으로 남겨두고
그 아래 제목 넣고 내 이름 새기다
골몰히 생각한 후에 한 칸 한자 써 보다

아무도 없어 허전해 보이던 네 모칸
몇 군데 듬성듬성 빈집 같은 칸 있고
네모진 벽돌 모양의 십 층* 짜리 집 완성

* 십 층 : 200자 원고지 세로줄 칸(세로줄 칸이 10개임).

지지 않는 꽃

세상에 지지 않는 꽃이 있었다면
어버이날 부모님 가슴에 달아드린
색종이 접고 오려서 만든 빨간 카네이션

싱그런 오월 고향집 빈 집 거실에
나를 대신하여 언제나 활짝 피어
사진 속 웃고 계신 부모님과 살고 있다

이제는 마음에 핀 꽃을 달아 드리고
마음껏 뛰어놀고 어리광 부리고 싶어
멋쩍은 생색도 내봤음 싶다 꿈에나 가능할까

시조 짓기

아름다운 한글 찾아 골라 채우고 빼고
앞뒤로 바꿔보고 줄이고 또 줄였다
완성된 시조 뒤편에 아까웠던 단어들

골똘히 생각해도 멋진 단어 가물가물
정형된 운율 따라 버무려진 단어들
길어진 시어만큼은 헌신짝처럼 버렸다

해설
/
세계에 대한 질문 그리고 선line을 이어가는 시조 리듬

김남규

시인

  우리는 살아간다. 일반적 혹은 평균적으로 8시간 일하고 8시간 잠자며, 8시간 동안 밥 먹고 차 마시며(日常茶飯事) 여가를 보낸다. 생명 유지에 필수적인 '수면'과 '식사', 삶 유지에 필수적인 '노동'(먹고사니즘)의 시간은 반드시 확보해야 한다. 문제는 수면과 식사, 노동을 제외한 나머지 시간이다. 1시간씩 아침, 점심, 저녁 3끼를 다 챙겨 먹는다고 해도 5시간이 남는다. 이 5시간 동안 우리는 무엇을 할까. 물론, 야근을 비롯해 노동을 위해 출퇴근하거나 비즈니스를 위해 누군가를 만나는 미팅 따위의 시간 역시 5시간에 속하지만, 아무리 못해도 하루에 한두 시간 정도의 여유는 있을 것이다. 그 시간에 우리는, 무엇을 보고, 무엇을 하며, 무슨 생각을 하는가. 안타깝게도 현재 우리는, 도파민에 중독된 채 무한한 흥분 상태에 머물기를 바란다. 이 가운데 가장 손쉽게 도파민 중독에 머물 수 있는 것이 바로, 스마트폰 영상(유튜브+OTT) 중독. 이 세상 모든 것이 '짤'로 되어 있다는 우스갯소리는, '도파민이 아니면 죽음을 달라'는 현 시대정신을 아주 잘 보여준다. 그러니까 우리는 우리에게 주어진 5시간 중의 상당수를 '영상-도파민'을 위해 쓴다. 과연 올바른 것인가. 아니, 좋은 것인가.

  이번 권순진 시인의 첫 시조집을 찬찬히 읽으며, 인쇄된 교정본에 이런저런 메모를 하며 한 장 한 장 넘길 때마다, 우리는 이러한 글쓰기와 독서를 '과연' 언제까지 할 수 있을까 하는 생각이 든다. 더 정확히 말하자면, 시를 쓰고 읽는 일이 얼마나 가치 있는 일인지 '이제는' 쉽게 말하기 어려워졌다는 뜻이다. 그러나 권순진 시인은 '그럼에도 불구하고' 시인-되기를 자처한다. "앞뒤로 바꿔보고 줄이고 또 줄였다/ 완성된 시조 뒤편에 아까웠던 단어들"(「시조 짓기」)을 생각하는 시인의 시조-쓰기 충실성은, 과연 무엇인가. 물론, 이 글은 시조집의 작품들을 시인의 전기적 사실과 연관해 이해하거나 읽지 않을 것이다. 다만, 시조집 한 권에 펼친 시조 리듬이 이 세계에서 어떤 의미인지, 그래서 이 세계가 과연 어떤 세계인지, 어떤 세계여야 하는지 고민해보고자 한다.

아물 듯 아물지 않는

  이번 권순진 시조집에서 단연 눈에 띄는 것은 바로, 그리운 대상에 대한 '힘'이다. 다양한 그리운 대상으로부터 시조의 장(章)이 일어나고 구(句)가 나뉘며 종장을 향해 나아간다. 시적 주체가 그리운 대상으로부터 시공간적으로 최대한 멀어지되, 다시 대상으로 되돌아가려는 장력(張力)이 강할수록 시적 긴장(tention)이 팽팽해질 것이다. 그 힘이 시조의 성패를 결정지으니, 우리가 주목해야 할 부분이 바로 이 '힘'의 크기다. "흔들림 없는 삶"에서 "바람 부는 창가에 홀연히 들어온 시선"은 "내 님의 인기척인가 가을이 물드는 소리"(「가을 소리」)니, 시조가 시작되는 일도, 시조가 끝나는 일도 모두 부재로서 현존하는 대상에 대한 그리움이다. 그리고 이때의 그리움은, 부재로서 현존하는 대상을 '왜' 망각하지 못하는가 또는 부재한 대상이 '왜' 다시 돌아오는가에 대한 질문이기도 하다. 이 질문은 곧, 세계의 본질 혹은 진실의 문제와 결부되어 있다.

> 삼거리 모퉁이 덩그러니 빨간 부스//
> 얇고 깊은 투입구口 동전 자주 먹어줬던//
> 신중히 숫자 누르며 네 얼굴도 그렸던//
> 굶주린 동전과 그리움 등 뒤가 따가웠던//
> 모두가 간절했던 모두가 기다렸던//
> 너에게 마음 준 겨울은 눈 녹듯 사라졌지
> ─「공중전화」 전문

> 물안개 노닐던 저수지에 봄빛 놀러오네

연초록 잎 사이로 밭 갈던 형님 모습
겨우내 잠들던 세상 쟁기질에 깨어난 봄

오수에 봄바람 드나 풀내음 아직인데
잔설은 허물어져 봄을 보태어 나르네
자그락 발 간지럽히는 소리 잠결에서 깨던 봄
—「깨어난 봄」 전문

　시인에게 있어 겨울과 봄 사이의 계절 경계는 달력의 숫자가 아니라, 시로 정의되는 것이다. "삼거리 모퉁이 덩그러니 빨간 부스"와 "물안개 노닐던 저수지"로부터 "겨울은 눈 녹듯 사라"지거나 "겨우나 잠들던 세상 쟁기질에 깨어"난다. 모두가 그리운 대상 때문이다. "신중히 숫자 누르며 네 얼굴도 그렸던// 굶주린 동전과 그리움 등 뒤가 따가웠던" 기억으로부터 그리운 '너'가 떠오른다. 마찬가지로 "연초록 잎 사이로 밭 갈던" '형님'이 떠오르며 "겨우내 잠들던 세상"이 형님에 대한 그리움(쟁기질)으로 깨어난다. "오수에 봄바람 드나 풀내음 아직"이지만 이제, "잔설은 허물어져 봄을 보태어 나"를 것이며, "자그락 발 간지럽히는 소리"로 봄은 잠결에서 깨어날 것이다. 모두가 다 형님의 쟁기질 때문이다. 쟁기질하는 형님에 대한 그리움이 봄을 깨운 것이다.

은연중 너의 소식을 묻는다는 것은

나의 흔들림을 말하고자 했었던 것
숨죽여 있었던 것 사라진 건 아니었다

마음은 너 있는 곳 다시 하나 되고픈데
어설픈 나의 행동 부메랑 되어 올까
꿈속에 다녀간 너를 두고도 아는 체 못 했네
　　　　　　　　　　　　　　－「다녀간 꿈」 전문

지난밤 꿈속 네가 허무하게 다녀간 후
낮은 틈바구니 그런대로 견디었네
어둠과 독대할 긴 밤 오면 어이할까나

현실은 너무 달라 깨지 않음 좋을 것을
소식을 물어봐도 아는 이 하나 없어
아물 듯 아물지 않는 그리움 잉태되다
　　　　　　　　　　　　　－「다시 꿈꾸다」 전문

　꿈은 무의식의 발현이라 하지만, 지금 시로 이야기되는 '꿈'은 밤에 흔적도 없이 사라지는 꿈이나 무의식이 아니다. 지금 시로 이야기되는 꿈은 그리움에 사무친 나머지, 현실은 불가능하니, 꿈에 그리운 대상이 나타났다고 확신하는 것이자 구성된 것이다. 꿈에 나타날 만큼, 꿈에 나타난 것을 또렷이 기억할 만큼 그리움의 강도가 매우 강한 것이다. "꿈속에 다녀간 너를 두고도 아는 체 못 했"던 시적 주체는 "은연중 너의 소식을 묻는다는 것"이 "나의 흔들림을 말하고자 했었던 것"임을 고백한다. 너는 "숨죽여 있었던 것"이지 "사라진 건 아니었"기 때문이다. 주체의 "마음은 너 있는 곳 다시 하나 되고" 싶지만, 망설인다. "어설픈 나의 행동 부메랑 되어 올까" 염려되기 때문이다. 이러지도 저러지도 못하는 상태가 과연 얼마나 지속할까. 그렇게 꿈에 다녀간 너로 인해 시적 주체는 "어둠과 독대할 긴 밤"이 오면 견딜 수 없다고 말한다. "현실은 너무 달라 깨지 않음 좋을 것을"이라고 말하지만, 낮 없는 하루는 불가능하다. 그렇게 "소식을 물어봐도 아는 이 하나 없"으니 "아물 듯 아물지 않는" 그리움은 결국 '잉태'되고 만다. "새벽녘 잠 깬 건지 잠든 건지 너는 여기 없는데"(「잠」) 말이다.

> 흐려진 기억 너머 순수가 살았던 곳
> 지난날 내 편이었던 네가 떠난 자리
> 올곧은 추억 하나 박혀 희미하게 춤추네
>
> 공허로 변한 맘 메워질 기미 전혀 없어
> 볼살 수줍던 시절 주워 허공 향해 던지다
> 내 소원 들어주려나 초롱한 기억이 오네
>
> 빼곡한 다트 과녁 빗나간 화살처럼
> 내게도 일탈 있다면 너를 생각하는 시간
> 어물쩍 자그마한 편린 늪으로 변해가네
> ―「편린」 전문

저녁놀 드리울 때 그리움 살짝 움튼다
어딘가에서 너도 날 생각하는 건 아닌지
사랑의 유통 기한을 지우고 마는 새벽

엉켜진 지난날을 버렸다가 다시 줍다
널 닮았던 누군가가 나에게 길을 물어
풋풋한 옛 감성 살려서 다시 써본 네 이름
─「사랑의 유통 기한을 지우는 새벽」 전문

 그렇다면, 부재로서 현존하는 대상을 향한 그리움은 어떤 '질문'과 그에 따른 '대답'을 가져올까. 결론부터 말하자면, 대답은 불가능하거나 무한하다. 질문만 존재할 뿐이다. 지금-이곳은 질문으로 가득한 세계이기 때문이다. 우리는 필연을 알 수 없는 유한자이자, 과거이자 삶의 진실은 우리에게 언제나 새롭게 도래한다. 무한하게 말이다. 시적 주체는 "지난날 내 편이었던 네가 떠난 자리"에 "올곧은 추억 하나 박혀 희미하게 춤추"는 것을 본다. 그때가 "순수가 살았던 곳"이었지만, 현재 주체의 시공간은 "공허로 변한 맘 메워질 기미 전혀 없"다. "너를 생각하는 시간"은 "빼곡한 다트 과녁 빗나간 화살처럼" 유일하게 일탈하는 순간이지만, "어물쩍 자그마한 편린"은 늪으로 변해갈 뿐이다. 서둘러 빠져나와야 한다는 뜻이다. 그리움의 속성이 바로 그렇지 않은가. 우리는 "엉켜진 지난날을 버렸다가 다시 줍"는 일을 왜 하는가. "어딘가에서 너도 날 생각하는 건 아닌지"하고 상상하기 때문이다. 그렇게 "저녁놀 드리울 때 그리움" 또한 "살짝 움튼다". 그리고 새벽에 이르도록 그리움은 사라지지 않는다. "사랑의 유통 기한을 지우고 마는 새벽"이 올 때까지 말이다. "풋풋한 옛 감성 살려서 다시 써 본 네 이름"이 곧, 시조가 되었다. 시조의 리듬으로 쓴 이름이다.

결국, 아물 듯 아물지 않는 그리움은 시인에게 그리고 우리에게 질문한다. 그리움의 대상이 부재로서 현존하는 이 세계가 어떤 의미가 있는지 말이다. 시인은 그저 부재한 대상을 좇을 뿐이고 받아적을 뿐이다. 무력하게 말이다. 그러나 그 무력함이 말하지 못한 것, 숨겨진 모든 것이 은폐된 자리를 가리킨다. 시조는 그것만으로 충분할 것이다.

고향의 다른 이름

일반적으로 어떤 시인이든 간에 첫 시집에서 가장 쉽게 볼 수 있는 작품군(群)이 바로 고향을 향한 작품들이다. 해산물이 해감하듯, 시-쓰기를 본격적으로 시작한 시인들 역시 자신의 기억을 모두 토해내야 하기 때문이다. 이에 따라 권순진 시인 역시 고향 또는 과거에 대한 그리움을 '노스탤지어(nostalgia, 鄕愁)'로 형상화한다. '되돌아가는 일(nostos)'과 '아픔(algos)'이라는 그리스어를 합친 말 그대로 노스탤지어는 과거를 되찾을 수 없다는 슬픔을 감내하면서도 계속 과거를 향한다는 점에서 아이러니하다. 망각하지 않으려 기억하지만, 기억하기 때문에 고통스러울 수밖에 없는 이중 구조가 '무한하게' 반복되는 노스탤지어. 상실한 것, 잊은 것을 되찾을 수 없다는 데서 슬픔과 그리움이라는 정서가 촉발되지만, 되찾을 수 없기 때문에 기억하려 애쓰면서 다시 또 슬퍼하게 된다.

> 초승달 살찌워서 보름달로 오는구나
> 오백 리 고향 쪽을 물끄러미 쳐다볼 제
> 동구 밖 기다리셨던 부모님 어제 일이 되었네
>
> 귀뚜리 슬픈 주파수 벼 고개 숙인 밤
> 어렴풋 장독대 위 곰삭은 엄니 손길
> 텅 빈 맘 반달 같던 수심이 만월로 차오르네
>
> ─「추석 무렵」 전문

> 며칠 후 설날이라 고향 생각 절로 나서
> 열일 젖혀두고 들른 근교의 오일장터
> 떡국 떡 사다 불리고 육수 물도 우려냈다
>
> 레시피 북 따라 나열된 화려한 고명들
> 물맛이 변했을까 입맛이 변했을까
> 어머니 정성 심어진 손맛이 그리웠다
>
> ─「사라진 입맛」 전문

미풍양속(美風良俗)이라 일컬어지던 명절날의 풍경은 점차 희미해지고 있는 것이 사실이다. 더욱이 부모님도 현재 계시지 않는다면, 예전처럼 북적이던 명절날은 이제 다시 경험할 수 없을 것이다. "삼춘엄매 사춘누이 사춘동생들이 그득히들 할마니 할아바지가 있는 안간에들 모여" 있는 백석의 「여우난곬족」처럼 말이다. "초승달 살찌워서 보름달로 오"며 "귀뚜리 슬픈 주파수 벼 고개 숙인 밤"이면, '한동안' 또는 '오랫동안' 시적 주체는 "오백 리 고향 쪽을 물끄러미 쳐다볼" 것이다. 그러나 "동구 밖 기다리셨던 부모님"은 부재하다. 그리하여 "텅 빈 맘 반달 같던 수심"이 만월로 차오를 만큼 그리움이 배가된다. '명절'과 '고향'이라는 상징에 '부모님'도 추가되었다. 「사라진 입맛」도 마찬가지. 고향 생각에 "열일 젖혀두고 들른 근교의 오일장터"에서 떡국 재료를 준비해 정성스럽게 떡국을 만들었지만, "어머니 정성 심어진 손맛"을 따라가지 못한다. 정확히 말하자면, 맛의 문제가 아니라 어머니라는 존재의 문제. 어머니가 계시지 않기 때문에 고향도, 명절도, 입맛도 사라진 것이다.

터질 듯 부푼 봉선화 꼬투리 속 씨앗이
비좁은 공간에서 연달아 외출하네
버거운 살림살이에 집 나간 아이처럼

더운 지열 뿜고 바람 졸던 햇볕 아래
빨갛게 물든 꽃잎이 피멍처럼 변하네
끝없는 그리움에 눈시울 붉던 엄니처럼

분홍빛 추억들이 손톱 끝에 물들며
오롯이 남아있던 어느 해 가장 긴 여름
자식을 기다리시며 꽃잎 찧어 손끝에 묶던
─「하지夏至의 기억」전문

5월의 마른 신작로 아카시아 꿀 내음
에움길 먼지 데려오던 회오리바람
도랑가 민물가재는 봄을 집어 올렸다

그리움 봉긋 일다 마음속에 피우던
나른한 아지랑이 공중으로 오르던
선잠에 깨어 두리번 두리번거려도

흉보는 사람 없이 나를 너를 있게 한 곳
유년의 고향 봄 뜨락은 지천에서
연초록 부풀어진 꿈 두루두루 내주었네
─「고향 춘몽」전문

명절과 같은 특별한 날이 고향을 환기하기 쉽지만, 사물 역시 마찬가지다. 특정한 사물에 특정한 과거 기억이 스며들어 있고, 그 기억은 언제든 재-소환될 수 있다. 마치 프루

스트의 장편소설 『잃어버린 시간을 찾아서』의 '마들렌'처럼 말이다. "버거운 살림살이에 집 나간 아이"는 "터질 듯 부푼 봉선화 꼬투리 속 씨앗"과 같다. 그리고 집 나간 아이 때문에 "끝없는 그리움에 눈시울 붉던 엄마"가 있게 되었으니, 엄마의 마음은 "빨갛게 물든 꽃잎"이며 "피멍" 들었을 것이다. "오롯이 남아있던 어느 해 가장 긴 여름"이면 "자식을 기다리시며 꽃잎 찧어 손끝에 묶던" 어머니. 물론, 그 어머니는 지금 이곳에 계시지 않는다. 시 제목 '하지의 기억'처럼 "더운 지열 뿜고 바람 졸던 햇볕"이 강한 하지 때에 더욱 생각나는 어머니, 그러나 기억 속에'만' 존재하는 어머니. 「고향 춘몽」도 같은 맥락이다. "나른한 아지랑이 공중으로 오르던" 5월 즈음이면, 시적 주체는 "신작로 아카시아 꿀 내음", "에움길 먼지 데려오던 회오리바람", "도랑가 민물가재"를 떠올린다. 그곳은 "흉보는 사람 없이 나를 너를 있게 한 곳"이며 "연초록 부풀어진 꿈 두루두루 내주"는 곳이다. 바로, 고향. 이와 같이 고향이 사라진, 고향이 없는 사람은 얼마나 불쌍한 사람인가.

    청보리 널 듯이 밀어대는 바람과 바람//
    그리움 하얗게 핀 찔레꽃과 하늘 구름//
    옥양목 치마 입으신 어머니와 닮았다//
    웃자란 해바라기 단단하게 봉오리 열고//
    옥수수 껍질마다 깡마른 수염 가득하니//
    머리칼 희끗희끗해지신 아버지와 닮았다//

> 옹기처럼 세상에 놓인 칠 남매 우리들은//
> 어느새 부모님 모두 하늘길 떠나가고//
> 마침내 하나의 고향만 우리에게 남았다
>
> ─「하나의 고향」 전문

 마침내 '하나의 고향'만 우리에게 남았다. "옹기처럼 세상에 놓인 칠 남매"를 우리 자신으로 읽어도 좋을 것이다. 부모님이 살아계신다면, '언젠가' 부모님도 하늘길로 떠나실 것이니, 우리의 고향도 곧 사라질 것이며, 우리도 시인의 문장처럼 옹기처럼 세상에 놓일 것이다. 그러나 (기억 속) 그 고향에서는 "청보리 뉠 듯이 밀어대는 바람과 바람"과 "그리움 하얗게 핀 찔레꽃과 하늘 구름"이 "옥양목 치마 입으신 어머니"를 닮았고, "단단하게 봉오리 열고" "웃자란 해바라기"와 "껍질마다 깡마른 수염 가득"한 "옥수수"가 "머리칼 희끗희끗해지신 아버지"가 살아계신다. 그러나 현실에는 부재하다. 다시는 부모님이 계신 고향으로 돌아갈 수 없으니, 고향을 기억하는 일만 가능하다. 아니, 기억이 고향을 불러온다. 그렇게 상실한 '고향'은 곧, 유년의 아름다운 시공간이자 부모님과 함께했던 행복한 시공간의 다른 이름일 것이다.

선을 그리는 시조의 리듬

 인류학자 팀 잉골드는 걷고 관찰하고 노래하고 이야기

하는 인간의 모든 활동이 선(line)을 따라 진행되며, 이 선이 어디에나 있다는 사실을 깨닫는 성찰만으로도 충분1)하다고 말한다. 이를 시에 국한해서 말한다면, 시 쓰기는 결국 우리 각자의 삶-선을 그려내는 일이자 관찰하는 일이며 시를 읽는 일 또한 그러하다. 시조의 리듬은 인간의 삶과 이 세계의 선(line)을 3장 6구 12음보로 나눠보는 일이며, 에세이는 에세이의 방식으로, 소설은 소설의 방식으로 선을 그려보는 일일 것이다. 잉골드의 말처럼 인간은 하나의 '동사'로서 선을 계속 끌고 나가고 이어가고 있으니, 시조 역시 '동사'로서 우리의 삶과 세계를 보여주고 있다. "밑동이/ 절반이나/ 까맣게 탄/ 고목인데/ 여전히/ 덜 익은 감/ 억겁에/ 붉게 내걸고/ 힘겹게/ 멈출 수 없는/ 심장처럼/ 가을은"(「감과 가을과 심장과」)이라는 작품에서 알 수 있듯이, "여전히 덜 익은 감"은 "힘겹게 멈출 수 없는 심장"과 같아서 우리의 가을은, 우리의 고통은 여전히 진행 중이다.

하얀 눈 섬돌 위에 소리 없이 앉던 날
홀연 눈꽃이 되어 하늘 가시던 엄니
큰누님 그 빈자리를 숙명처럼 떠안았네

티 내지 않아도 등 언저리에 엄니 냄새
보이는 곳에서 보이지 않는 그늘에서

---

1) 팀 잉골드, 『모든 것은 선을 만든다』, 차은정 외 역, 이비, 2024, 306쪽.

맏이란 든든한 벼리로 남겨진 삶 보듬네
― 「큰누님」 전문

멀끔한 외투 한 벌 얻어 입지 못함은
가을날 내 임무가 시원찮았던 게지
괜찮아 삶의 끄트머리는 쭉정이로 남거늘

구멍 난 밀짚모자 그대로 내버려 둠은
딱한 사정 간직한 현실 농부였던 게지
삶이란 원하는 대로 다 가질 수 없는 것

이슬 앉은 이삭에 안개 노닐다 떠나면
따가운 햇볕 틈에 알곡 여무는 소리
밤 오니 낮에 본 노루 한 쌍 선하도다

알맹이 빠진 휑한 들판 소슬한 늦가을
외다리 숙명 안고 처연함 즐길 즈음
텅 빈 들 다가온 새소리 긴장되어 부릅뜬 눈
― 「허수아비의 숙명」 전문

 '데우스 엑스 마키나(Deus ex Machina)'라는 라틴어가 있다. '기계 장치의 신'이라는 뜻인데, 고대 그리스 연극에서 복잡한 사건을 손쉽게 해결하는 신(神)의 출현을 말한다. 이때, 복잡한 사건은 결국 신의 예언에 따라 비극으로 끝날 수밖에 없는 인간의 운명으로 인한 것이다. 결국, 비극은 신이 아닌 이상, 인간으로서 반드시 받아들여야 할 숙명(宿命)이니, 고대 연극이었던 비극은 결국, 문학과 예술의 원천이 될 수밖에 없다. 권순진 시인에게도 마찬가지. "홀연 눈꽃이 되어 하늘 가시던 엄니" 때문에 '큰누님'은 엄니의 '빈자리'를 숙명처럼 떠안아야 했다. "티 내지 않아도 등 언저리에 엄니 냄새"가 났다. "보이는 곳에서 보이지 않는 그늘에서" '맏이'이기 때문에 그랬던 것이다. 맏이의 숙명을 떠맡았던 큰누님의 삶을 어떻게 말할 수 있고 전할 수 있을까. 다만 시인은, 시적 주체는 큰누님이라는 한 인간의 숙명을 받아적었을 뿐이다. '허수아비'도 마찬가지. "삶이란 원하는 대로 다 가질 수 없는 것"이자 "외다리 숙명"은 어쩔 수 없는 것이다. 그저 "멀끔한 외투 한 벌 얻어 입지 못함은/ 가을날 내 임무가 시원찮았던 게지"하며 스스로를 달랠 뿐이다. "괜찮아 삶의 끄트머리는 쭉정이로 남거늘"이라는 첫 수의 첫 문장이 이 시 전체를 끌고 가는 형국이다. 우리 삶도 세계도 이와 같을 것이다. 비극이 아닐 수 없다. 그러나 그것이 또한 우리 삶이니, 받아들이는 수밖에(Amor Fati).

    아버지 지게 위 쟁기 얹힌 삶의 무게
    순둥이 암소가 밭을 간 뒤 앞서가고
    고삐에 당겨진 코 아플까 염려하던 여린 맘
                                    —「산다는 것」 전문

컴컴한 얼굴들 새벽으로 변할 무렵//
덜 깬 눈 비비며 부지런 떨고 있다가//
아버지
고삐 단단히 잡고
뒤따라
나도 가고

여름 끝물 어스름에 수크령과 강아지풀//
밤에 매달린 물방울 바지 밑단 적셔온다//
이슬에
소 눈망울도 젖었다
아버지가
미웠다
―「소 팔러 가는 날」 전문

하늘 가까이 입 벌린 참깨꼬투리와 아버지는//
비닐 멍석 깻단 깔고 자근자근 두드리면//
낱알이 쏴 빗소리같이 시원하게 흩어져요//
저녁때 가까이 먹구름 낮게 옵니다//
고소한 참깨 냄새 온종일 맡고 싶은데//
조금씩 급해지는 저녁 땀방울 뚝뚝 아버지는//
해진 러닝셔츠로 빗장뼈 허술하게 보여//
앉았다 일어설 때 두둑하고 뼈 긁는 소리//
그 소리 참깨 터는 소리 같기도 합니다
―「참깨 터는 날」 전문

전술한 바와 같이, 어머니가 '고향-기억'의 다른 이름이라면, 아버지는 '삶-선'의 다른 이름이라 할 수 있을 것이다. "아버지 지게 위 쟁기 얹힌 삶의 무게"를 시인은 본다. 그리고 암소 역시 삶의 무게를 감당하고 있으니, "고삐에 당겨진 코 아플까 염려"하는 것은 아버지와 암소 모두에게 해당하는 마음이라 할 수 있다. 그리고 아버지 역시 고삐에 당겨진 것이다. 「소 팔러 가는 날」에서 "아버지 고삐 단단히 잡고" 나 또한 따라간다고 하지만, 아버지가 잡는 소의 고삐는 결국 자기 자신의 고삐(운명)일 것이다. "이슬에 / 소 눈망울도 젖었다"고 하지만, 아버지 눈망울도 젖었을 것이다. 「참깨 터는 날」 또한 아버지라는, 가장의 무게를 잘 보여준다. "조금씩 급해지는 저녁 땀방울 뚝뚝 아버지"의 "해진 러닝셔츠로 빗장뼈"를 보며 삶의 무게를 생각한다. 그 무게가 얼마나 무거운지, "앉았다 일어설 때 두둑하고 뼈 긁는 소리"가 들린다. 그리고 그 '뼈 긁는 소리'는 '참깨 터는 소리'와 같다고 하니, 이제부터 시인을 비롯해 우리는, 고소한 냄새가 나는 '참깨'로만 보기 어려울 것이다. 그렇게 권순진 시인은 "다소곳 바랜 모습 반 접은 당신 앞"에서 "나 또한 똑같은 모습으로 응답"(「고장 난 의자」)하고자 한다. 아버지라는 삶-선(line)을 시인 역시 그대로 따라가고 있는 듯하다.

　　뜨는 해 바라보며 남쪽 갔다 오는 일과
　　저마다의 사연들을 목적지에 내려두고

쌓여진 피로 녹이며 수색역에 누워 있다

기다란 몸 삶을 싣고 구르던 쇠바퀴
망치질 마사지로 탁탁탁 처방하고
오늘은 어떤 손님 만나려나 새벽길 나서네

가는 길 그대론데 매일 매일 다른 사람
반복되는 일정에 지칠 법도 하지만
긴 여정 신발 끈 동여매듯 다시 한 번 기적 채비
─「새벽 실은 수색역 기차」 전문

    기차는 정해진 선로(line)로만 이동한다. "반복되는 일정"으로 "가는 길 그대론데 매일 매일 다른 사람"이 탈 뿐이다. 그런 기차는 "뜨는 해 바라보며 남쪽 갔다 오는 일"을 수행한 끝에, "저마다의 사연들을 목적지에 내려두고" "쌓여진 피로 녹이며" 수색역에 쉬고 있다. 그러나, "기다란 몸 삶을 싣고 구르던 쇠바퀴"를 가진 기차가 바로, 우리 삶 자체를 환유하는 것은 아닐까. 기차가 선(line)을 만들며 선을 따라가는 것처럼, 우리 역시 선을 따라가거나 만들어간다. 그리고 권순진 시인은 이번 시조집에서 시조의 리듬으로 삶이라는 선을 그리고 있다. 따라서 말을 더 보태자면, 권순진 시인에게 있어 도파민은 시대정신이라 할 수 있는 '영상-중독'이 아니라, '시조-리듬'일 것이다.

요컨대, 권순진 시인은 이번 첫 시조집에서 그리운 대상에 대한 팽팽한 시적 긴장감을 잘 보여주고 있다. 그리운 대상을 향한 정념은 곧 이 세계에 대한 질문이라 할 수 있으며, 그 질문 앞에서 시인은 그저 부재한 대상을 좇고 받아적는다. 망각하지 않으려 기억하지만, 기억하기 때문에 고통스러울 수밖에 없는 이중 구조가 무한하게 반복되는 질문 앞에서 시인은 시조의 리듬을 펼친다. 상실한 것, 이제는 부재한 대상을 잊지 않으려는 그의 노력이 곧, 시조-시인으로서의 윤리이기 때문일 것이다. 그렇게 권순진 시인은 이번 시조집에서 이 세계와 삶의 선(line)을 시조의 리듬으로 그려내고 있다. 마치 기차 선로처럼 말이다. 물론, 권순진 시인의 선로는 어디로든 연결되어 있으니, 이와 같이 질문의 형식으로 부재한 대상을 기억하며 선(line)을 이어가는 자를 우리는 시인이라 부른다.

열/린/시/학/정/형/시/집 193

다녀간 꿈

초판 1쇄 발행일 · 2024년 07월 31일

지은이 | 권순진
펴낸이 | 노정자
펴낸곳 | 도서출판 고요아침
편 집 | 정숙희 김남규

출판 등록 2002년 8월 1일 제1-3094호
03678 서울시 서대문구 증가로 29길12-27, 102호
전화 | 302-3194~5
팩스 | 302-3198
E-mail | goyoachim@hanmail.net
홈페이지 | www.goyoachim.net

ISBN 979-11-6724-207-5(04810)
ISBN 978-89-6039-728-6(세트)

*책 가격은 뒤표지에 표시되어 있습니다.
*지은이와 협의에 의해 인지는 생략합니다.
*잘못된 책은 교환해 드립니다.

ⓒ 권순진, 2024